오늘의문학 시인선 447

엄마의 콩 심기

김태동 시집

오늘의문학사

엄마의 콩 심기

김태동 시집

발 행 일 | 2019년 4월 15일
지 은 이 | 김태동
발 행 인 | 李憲錫
발 행 처 | 오늘의문학사
출판등록 | 제55호(1993년 6월 23일)
주 소 | 대전광역시 동구 대전로867번길 52(한밭오피스텔 401호)
전화번호 | (042)624-2980
팩시밀리 | (042)628-2983
전자우편 | hs2980@hanmail.net
카 페 | cafe.daum.net/gljang(문학사랑 글짱들)
cafe.daum.net/art-i-ma(아트매거진)

공 급 처 | 한국출판협동조합
주문전화 | (070)7119-1752
팩시밀리 | (031)944-8234~6

ISBN 978-89-5669-997-4
값 9,000원

* 이 책은 교보문고에서 eBook(전자책)으로 제작 · 판매합니다.
* 잘못 제작된 책은 바꾸어 드립니다.

* 이 도서의 국립중앙도서관 출판예정도서목록(CIP)은
서지정보유통지원시스템 홈페이지(http://seoji.nl.go.kr)와
국가자료종합목록시스템(http://www.nl.go.kr/kolisnet) 에서 이용하실 수
있습니다. (CIP제어번호 : CIP2019013145)

엄마의 콩 심기

■ 서시

시가 좋아

시가 좋아 시를 읽고
시가 좋아 시를 쓰고
시가 좋아 시편 탐독

시가 좋아 펜대 잡고
시가 좋아 백지 위에
시가 좋아 적어 보네

시가 좋아 손에 쥐고
시가 좋아 영혼 청렴
시가 좋아 동심 동행
시가 좋아 동심 일로

■ 목차

제2부 들에 가신다

제3부 봄이 오는 소리

제4부 탈북인 환영

제5부 이북에서 왔습니다

제6부 새벽 기도 가실 때

제7부 십자가 밑에서

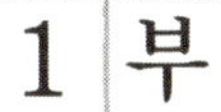
1 부

대한이여

축복받고 살아온
대한이여, 내 조국
금수강산 산하여!

인의예지 바르고
배달민족 하나로
영원무궁 빛나리.

백두산에 한라여
변함없이 한 핏줄
그대 이름 한민족

강하여라, 내 조국
대한이여 형제여
번성하라 세계로!

어찌할까

동방의 백의민족 앞에
1910년 쪽바리 일본 놈들
총칼 쥐고 짓밟았네.

내 나라여
국방의무 튼튼했었다면,
노론 소론 남인 북인
당파싸움 없었다면,

내 나라여,
압박과 서러움 속에
조국 잃은 한, 왜놈들의
강점기 밑에서
36년의 고통은 없었을 텐데.

권총으로

왜? 그랬습니까?
이유는 무엇입니까?

조국 위해
걸어오신 백범 김구선생님을요.

당신은
누구의 명령으로
살해했습니까?

8.15 해방

1945년 8월 15일
삼천리 금수강산에
해방의
종소리가 울려 퍼졌네요.
무궁화 꽃은 만발하였구요.
할아버님 할머님 아버지 어머니 삼촌 고모
이웃 모든 동네 사람들
얼싸 앉고 춤을 추웠구요.
대한민국 만세! 만세! 영원히!
대동단결
일심단결.

6.25 사변

기억조차 하기 싫어요.
전범자 김일성이(본명 김성주)는
한반도를 포화 속으로
1,129일 끌고 간 반역자!

6.25전쟁 피해는요.
대한민국 국군 약 62만
유엔군 약 16만
북한군 약 93만
중공군 약 100만
민간인 약 250만
이재민 약 370만
전쟁미망인 약 30만
전쟁고아 약 10만
이산가족 약 1,000만

당시 남북한 인구
3,000만 명의 절반을 넘는
1,900여만 명이 피해를 입었다구요.

전쟁의 전범자 괴수
김일성은 공산독재 체재를
김정일 김정은에게
3대 세습으로 물려줬지.
현재 북한의 2,000만 국민들은
압박과 고통 속에서
자유마저 없고
인권마저 유린되어
감금상태 속에서 굶고 죽어가는구나.

아! 6.25 전범!
잔인한 독재정권
공산체제 앞잡이 전범자
김일성, 그 아들 김정일, 3대 김정은,
1950년 6.25 전쟁 발발
일요일 새벽 4시
암호 폭풍

7월 우리 마을의 동민들을
공산주의 인민군들은

밤마다 공회당으로
모이게 했지.
우리 부모님 대중 앞에 앉혀 놓고
인민군 하는 말
반동분자
공개 처형하기요.

공산주의 무서워요.
인민군 후퇴,
1953년 가을,
죽창으로 민간학살 보았어요.

이것이 공산주의인가요?
공산주의가 싫어요.
7촌 조카도 인민군 놈들에게
생명을 잃었지요.

- 공회당 : 1950년대에 시골농촌엔 회관 건물이 없었습니다.

대한 육군 7년

대한민국 국민이라면
3대 의무가 있지요.
납세 교육 국방

국민으로서
너희는 먼저 그 나라와 그 의를 구하라고요.
내 조국 어머님의 품
내가 태어난 곳
아름다운 산하
5,000년 역사 숨 쉬면서 살아가는 대지 위에
납세를 한답니다.
교육도 받았답니다.
국방의무도 했지요.
7년 근무했지요.
내 조국은 내가 지켰다구요.

당신은 왜?

당신은 고위공직에 있으면서
부정의 앞잡이로
왜 욕심을 낸답니까?

욕심을 잉태한즉 죄를 낳고
죄가 장성한즉
사망을 낳는다는 것을
왜
모릅니까?

이런 우리나라

민주주의 가면 쓰고
겉으로는 자유평화
속으로는 짓밟았어라.

인권이라 등에 업고
목청들을 높이고
잘하면 애국이라네.

잘못하면 실수라네.
민초들은 눈물나네.
부패 일등 그자들만 호강하네.

갈매기야

지난밤 꿈속에 갈매기 등에 타고
그립고 보고픈 그곳 임진강에

갔단다, 모두 다 어디 갔나?
아무도 보이지 않는구나.

강가에 뛰놀던 친우여, 이웃이여
말 좀 해다오.
어디에서 살고 있는지
굽이굽이 흐르는 임진강아!

너는 알고 있겠지,
눈물의 임진강아!

노인

산전수전 여든세 번 겪었네.
백발머리 노인의 자랑이네.

일제강점 삼십칠 년 고통 중에
목피지근 칠전팔기 살아왔네.
황혼 접한 노인이라 후회는 없네.

1950년 6.25 동족전쟁
조국 위해 중부 전선에서
청춘을 불태웠네.
국방의무, 총칼, 손에 쥐고
전우의 시체를 넘고 넘어
괴뢰군과 싸웠다네.

이제 만나러 갑니다

TV 채널 82번을
켜본다.
자유 찾아
정든 고향을 등지고
압록강 두만강
바다 길로, 육지 길로
사선을 넘어서
살기 위해 왔다고 한다.

대한민국으로 왔다.
남녀노소 고위공직
구별 없이
인권을 찾아
자유를 찾아
내일의 희망을 찾아.

2018년 기준
탈북민
30,000명 정도

탈북남녀
여러분들의 탈북 이야기를
TV를 통해 듣고
시청할 때
몇 번이고
뜨거운 눈물을 흘렸어요.

환영합니다.
모두가 형제요, 자매요,
단군의 후예들입니다.
우리는 한 핏줄입니다.
한민족입니다.

탈북민 여러분들은
통일의
선봉대원들입니다.

모란봉 클럽

당신은 20대 초반
연약한 여성인데요.
탈북하다
북송되었다 했어요.

보위부 담당 부서
직원들로부터
갖은 고통 구타 받고
죽지 못해 살았다고 했어요.

자유 인권을 무시당한 채로
교화소 감옥에서
공산주의의 악랄한 고통을 받으며
지냈다 했어요.

2차로 탈북하여
한국으로 무사히
도착해 자유 찾아

먹고 마시면서
인제는 살았다고,

TV앞에서
실토하는
탈북민 여러분 앞에
대한민국은
따뜻하게 손목을
잡아 준답니다.
우리는 형제입니다.

상이용사

1950년 6.25 전쟁
나라의
부름 받아 육군 입소,
M1 소총 쥐고
공산 괴뢰
인민군과 싸웠지.

전진 후퇴
대한 육군은 용감했지.
38도선 이북으로 공격
평양까지
전진했었지.

야간전투에서
어깨와 팔에 2발의 실탄을 맞아
상이용사
명예제대를 했지.

지금도 태극기는 휘날리고
무궁화 꽃은 피어 있지.

저 노인이 하는 말

나는 참전용사여!
6.25 전쟁 때
백마고지에서 뙤놈들과 싸웠어.
죽이고 총 쏘면서
휴전의 그 시각까지
인민군들 앞에다 포탄도 쏘아댔지.
뙤놈들 인해전술에
우리들 소총부대는 포로가 되었지.
그 가운데에서도 우리 부대는
승리를 했지.
내 나이 80 넘어, 90 고개 있지만
우리들은 용감했어.
전우들이 생각나네.

- 뙤놈 : 중공 오랑캐

압록강

압록강아 잘 있느냐?
자유 찾아 살기 위해
너와 이별하고 여기 왔다.

인권 있고 희망 있고
종교 처우 배부르다
압록강아 부탁할게

철의 장막 독재정권
탈북하는 부모형제.
잘 건너게 도와주오.

압록강아 두만강아!

조국

조국이여 영원하라.
대한민국 금수강산
대한겨레 백의민족
단군조선 후예들아!

영광이여, 내 강산아
길이길이 꽃 피리라.
아침 나라 빛나리라.
만세, 만세, 나의 조국.

이른 봄

머나 먼
남쪽바다
꽃향기 싣고
봄기운 등에 없고
춘삼월 신고하네.

해마다
봄소식에
그님도 함께
아지랑이 등에 타고
찾아오겠지.

봄이어라

봄이어라
봄이어라
봄이 오면
내님 함께
미소 방긋
온다 했지.

봄이어라
봄이어라
삼라만상
미소 지며
생존경쟁
운동하네.

침묵

조용히 인내하면
당신께 원수 없네.
악한 말 내버리면
육신의 건강회복

하루에 삼사일언
당신은 인자무적
하루에 일일삼성
숲속에 산소이라.

헛길

참으로 어려웁네요.
오늘도 헛길 된 길가에
공중의 새 제 길 가는데

참으로 힘이 드네요.
옳은 길 걷지 않네요.
차라리 목석이 되지.

인제는 자연에 순종
내일의 꿈을 꾸면서
살다가, 꽃밭으로 가!

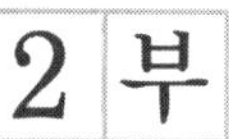
2 부

그 사람

웬일이요,
아주멀리 떠났는데
찾아 왔네요.

기다리지
않았는데
어찌 찾아 왔는지요?

잊었는데요,
생각을 하지 않았는데요.

오은아, 용석아

네놈들 초등학생 3학년
고사리 수영하며
초급반 용석아, 오은아 잘 지내.
오은과 용석이는 형과 동생

할애비 용석 오은 보고파
전화를 했네.
"용석 엄마, 용석이 캐나다서 언제 와?"
손주 놈 용석아 너희 모습 보고파.

오은아, 너의 모습
해병대 사나이 총칼 쥐고 국방의 의무!
장하다, 우리 손주 사랑해
언제쯤 만나볼까, 예쁜 놈!

이른 아침

밝은 태양이
빵긋 인사해

나쁜 행위는
행치 말라고.

빛이 있기에
어둠을 떠나

천지를 창조
선하게 살라.

공기와 바람
생명의 양식

물과 계절을
주시었단다.

삶이란

하늘에서 빛을 주네.
대지에서 식물 주네.
바다에서 양분 주네.
창공에서 공기 주네.

자연 앞에 순종하면
인자무적이라 했네.
하늘의 뜻 따라가면
이땅 위에 장수하리.

삶이란 것 천하보다
귀한 것이 우주보다
값진 것이 이 땅 위에
장수비결 이런 보배.

들에 가신다

이른 새벽
자식놈들
잠깰세라
살며시 찬이슬 벗하며
들에 가신 아버지.

아무 말씀
침묵하며
월출심야.

물속에서
사는 물새와 같이
땀 흘리시며
들어오시는
우리 아버님.

자연

자연 인사
앞산 뒷산
수림들도
이슬 먹고
이른 새벽
생존경쟁
밤새 안녕
종달새도
날개이슬
목욕한다.
시안 삼동
어둠 지하
요지부동
동면으로.
태양 떴다.

남쪽 사랑
민들레 꽃
기지개를
켜며 안녕.

삶

저 노인을 봅니다.
오간 세월 붙잡지
못하였네.
흐른 유수 막지를
못하였네.

어쩌다 황혼인사
빠르구나.
허송세월
어젯날의 이팔청춘
오늘날에 백발이라.

잘 가시오

잘 가시오.
떠나는 사람
두 손 모아 잡지는 않아.

이것이 팔자요 운명
두 번 다시 연락은 금물

우리 서로 몰랐더라면
만지지나 말았다면

서쪽하늘 일몰의 시간
부질없는 운명의 작란

잊으리라,
떠나간 사람
커피 한잔 음미하면서.

차라리 몰랐다면
시집 한 권 읽어 보면서.

마전파출소 육 경감님

민주경찰 당신은 육경감님,
여자입니다.
노인 앞에 온순하며
안내자 되어
손발 되어 주심
참으로 당신은 경찰입니다.
이웃사람 봉사실천
보기에 좋았어요.
길 잃은 음주 만취자,
손잡고 봉사하네요.
만취자가 경찰을 때리려 하네요.
경찰도 인권이 있는데요.
그래도 참아내는
이름 하여, 민중의 지팡이
웃음과 봉사정신으로
무궁화 꽃으로
이웃의 등불이 되시는
육 경감님.

송미옥 집사님

송미옥 집사님은
참으로 고마운 분
믿음의 지팡이로
베풀며 사랑으로
오늘도 봉사하네.

송미옥 집사님은
기도와 희생정신
보기에 좋았어라.

집사님 가정 위에
성부와 성자와 성신의
삼위일체, 아멘.

거짓말

이 못난 놈이 사나이라고
이십대 청춘에 아가씨를 유혹했네.
2년의 사귐
결혼의 승리
여자는 울고
운명을 받아들였네.

여자는 속고
남자는 웃고
이 여자는 부모 되었고
이것들이 타고 난 운명
머리는 백발 할머니 되고
나도 늙어 백발에 허리가 아프고.

고추밭

아버지 팔십 고개
소독 통 등에 메고

구슬땀 흘리시며
소독하며 거친 몸

막걸리 한두 잔 들며
피곤한 인생살이.

모두 다 내려놓고
담배연기 품으며

어머니 칠십팔 세
서리를 맞으셨나?

백설로 변화되었네.
인생살이 힘들어.

- 쓰다보니 시조가 되었음

괴로운 길

오늘 하루 참으로 괴로웠소.
힘이 들고
바램이 뜻대로
되지 않고
어깨에 십자가를 메는
걱정 근심 나 홀로 짊어졌나!

무거운 짐 벗고서
좋은 낙원
아름다운 곳
고통이 없는 곳에
진리시여, 영이여, 칠전팔기
손을 잡고 날 인도하여 주소서.

십이폭포

창조주께 찬양으로 드립니다.
지음 받은 남이면 십이폭포.

그 정한 생명수 폭포 흐름
변함없이 삼라만상 동행

많은 연인 손목 잡고
십이 폭포 찾아오면

아름다운 선녀들이
목욕한 그 자리에

맑은 영혼 십이폭포
주님 앞에 찬양 영광을 드리네.

창조주

이른 새벽 여명의 시간 속
밝은 태양 방긋 인사해.

나쁜 행위는 행하지 말라.
빛이 있어 어둠은 떠났고

천지를 창조, 선하게 살라.
공기와 바람 생명의 양식

철 따라 우로(雨露)를 내리고
주야로 양식을 주시고.

어머님

지금은 어디에 계시옵니까?
자식들 위하여 침묵하시며
험한 일 궂은 일 갈퀴 손발.

당신은 우리의 어머님입니다.
이놈들 굶을까 손수 만들어준
도토리묵에 보리밥에 상추.

어머님 이 자식들 성장하여
어머님 잘 모시려 했는데요.
어디로 가셨어요, 대답 없이.

굽은 허리 피곤치도 않으셨나?
농촌 삶을 운명으로 아셨나?
어머님은 저 천국에 계십니다.

말 한 마디

둔하고 미련한
입술을 잠그어 주시고
인내로 삼사(三思) 후
일언(一言) 을 행실로

저 사람 입술에
침묵이란 단어

구시지 화문(口是之 禍門)
구시참 신도(口是斬 身刀)
삼사 일언(三思 一言)을!

정리해요

이 땅 위에 그 모든 것이
헛된 것뿐 낙화유수인데.
일장춘몽 풍전등화인데
어찌 그리 악하고 험했나요?

떠나가는 백발 노인님
아이같이 온순하세요.
천국지옥 바라보세요.
오늘 내일 바로 갈는지.

3 부

봄

봄이 오네요.
금수강산
향긋한 보리내음
우리엄마
호미 쥐고
봄과 동행
씨앗 뿌려
종달새도 춤추네요.

나싱개 나물

작년 봄에
나싱개 뜯던
그 아가씨
어디로 갔나?

나물 뜯던
그 밭에 갔지.
가슴 아픈
추억만 심고.

- 나싱개 : 냉이의 사투리

봄 소풍

초등학교 5학년 때
봄소풍을 갔다.
점심 식사 후 오후 시간
장기자랑 노래자랑
보물찾기
그때
그 시간은 옛 이야기

보물 찾아 상품 타서
자랑을 한다.
노트 연필 타고서
기뻐 웃던
어린 꼬마
코흘리개 그 친구들
모두 함께 보고프다.

이르노니

어찌 그리 악한 상대
모략음모 훼방작당
물마시듯 행하는지.

그리 마오. 이제 그만
참답게 걸어가오.
신상필벌 하늘 순리.

반성하오. 자중자애
머리 숙여 교만금물
사람들은 정의 길로.

근심

너희는 근심하지 말라.
마음의 염려는
네 영혼을 상하게 하며
뼈를 마르게 한다.

이 땅 위에 호흡하는 자
걱정근심 없는 사람은
한 사람도 없다네.

이 땅 위 걸어가면서
행복한 자 어디 있던가?
하루 일과 웃으면서 반성하면
행복 불행 자신 안에 있네.

가물어요

온 대지를 달구었어요.
온난화로 변화된대요.
농작물도 메말랐어요.
우리 농부 가슴 아파요.
자연섭리 반항 못해요.

인제 그만 산천초목에
단비 같은 우로를 내려
이 땅 위에 풍년의 해로
하나님의 섭리로 단비로
가뭄해소 바라는 초부(樵夫).

은행잎

언제였나요?
그 시간
그곳 산장에서
노란 은행잎
길 앞에
그림을 그렸는데
오늘은 나 홀로 쓸쓸히 걷고 있답니다.

언제였나요?
그때의 추억
이 산장에서
옛 생각을 불러 보네요.
오세요.
은행잎 주워
책장 속의 추억을 새기렵니다.

봄이 오는 소리

산골짝마다 부드러운 그 음성
합창의 박자 졸졸 흐름 생명수

합하여 찬양, 자연의 힘 고마워
여기도 봄빛 초목마다 눈뜨고

태양도 방긋 새봄이라 인사해
산새도 비행 준비, 짝을 찾아

새봄의 소식 전해오네, 입춘대길
금년의 농사 풍년만석 추수동장

풍년을 약속 논밭갈이 농부님네
'농자지 천하 대본'이라 얼씨구!

매국노

당신은 누구입니까?
왜,
조국을 배반했습니까?
삼천리 금수강산
한반도
우리겨레 한민족을
어찌하여 버렸습니까?
당신도 당신의 할아버지 그 위에 할아버지 할머니
아버지 어머님 당신의 친척 모두
동방의 나라 아침의 나라
배달의 민족
한 핏줄 받고
이 땅 위에 태어난 복된 5,000년의 자랑스런 후예인데
당신은 왜?
왜?
무엇 때문에?
조국을 배반했습니까?

애국 애족

조국이 없는 사람은
이 땅 위에 한 사람도 없답니다.
같은 민족
겨레여 형제여
우리들은 한 피 받아 한 몸 이룬
대한의 아들딸들이랍니다.
애국 애족
선열님들의 뜻을 받들어
이 조국
삼천리 금수강산을
대대손손 지켜야 한답니다.
지금, 태극기는 휘날리고 있습니다.
무궁화 꽃은 만발하고 있습니다.

교육은요

교육은요,
생명과도 같습니다.
교육은요, 백년대계
이 나라 대한민국을 지키는 것입니다.

교육은요,
선생님께서 칠판에 적는 하얀 글은,
이 나라
장래의 길이 된답니다.

교육은요,
국사를 진실로 가르쳐야 한답니다.
참교육이어야 한답니다.

교육은요,
절대로 거짓과 타협하면 안 됩니다.
교육은요,
혹시 종북 공산주의 이념을 가르친다면
큰일이랍니다.

엄마의 콩 심기

젊어 청춘부터 갈쿠리(갈퀴) 손,
이마에 수건 동이시고
이른 아침 밭으로 가셨다.
호미로 땅 파 일궈
콩씨 세 개 심으셨다.
새 하나,
벌레 하나,
남은 씨앗 하나 자라 열매 맺었다.

그 농사를
운명으로 사셨던
우리 엄마 백화 머리 되셨는데,
숨바꼭질 하시는지
안 보여
불효자식 눈물로 불러보는데,
우리 엄마
저 높은 곳, 저기 저 하늘에 계시네.

무서워요

걸어가는 자욱마다
어찌 그리 무서워요.

언제부터 이 땅 위에
죄악들의 칼날들이

몸부림을 쳤던 건지
악하구나, 현실들이.

육군 복무

군복 입고 대한 육군
M1소총 손에 쥐고
대한민국 내 조국을
이 몸 죽어 지키겠다.

육군 훈련 힘든 핏방울
나의 조국 방패됨이라.
부모님의 따뜻한 조국
국방의무 첫째이니라.

육군생활 7년 근무 중
일편단심 조국을 위해
이팔천춘 불살랐다네,
대한민국 만세 만만세!

고맙습니다

살고픈 금수강산 삼천리
아침의 대한민국 곳곳에
철 따라 우로섭리 주심에.

꽃 피고 저 새들 노래하며
산 꿩이 춤추며 창조주님
당신께 영광과 찬양감사.

자연은 양식을 선사하네.
하늘은 삼 요소 무료선물
고마운 자연에 순응해요.

그 사람

우리 서로 따듯이 손목잡고서
일보일보 약속을 굳게 한 당신
그 사람은 보이지, 꼭꼭 숨어도.

우리 서로 미소로 저 꽃과 같이
미래 시간 손가락 걸어본 당신
어드메서 어떻게 살고 있는지.

4부

여행

그 님과 함께 여행을 갑니다.
그런데요,
그 사람은 여행을 포기합니다.

아!
꿈이었구나.
허무하구나.

꿈속의 여행도
설계도 조령모개
용두사미(龍頭蛇尾)였구나.

봄길

춘삼월에 내리는 생명수
삼라만상 모두들
생존경쟁
나무 위에 꾀꼬리 둥지 틀어
공중비행 짝 찾아 춤을 추네.

춘삼월에 날리는 봄바람
저 아가씨 속마음
바구니
봄바람아 불어라. 이 가슴
울렁울렁 임 찾아 가야지.

탈북인 환영

어느 곳 하늘 아래
그곳에 살고 있나?

주야로 그대 생각
이 가슴 잠 못 잔다.

인제는 말하시오
소식 좀 보내시오.

당신 나 약속맹세
잊었나, 눈물 나네.

탈북남 힘든 시간
탈북녀 생존경쟁

인제는 자유인권
당신들의 것이오.

모내기

시골 농촌 모내기
젊은 분들 없기에
노인 분들 힘드네.

장비소유 젊은 분
시골농촌 일꾼들
걱정근심 한숨 쉬네.

어찌하여 시골고향
뒤에 두고 떠나는지
이 책임은 누가 지나?

그대여

당신의 지금 모습
꽃같이 보고파라.

그대여 어디 숨어
내 가슴 아파 오나?

목련 꽃 같이 피어
내 곁에 함께 했던

정주며 사랑 주고
모든 것 내게 쏟은

그대였기에 지금
목소리 듣고 파요.

뜻대로야

세상만사 뜻대로야
되는 일이 없다하네.

꿈도 많던 구십 춘광
이 모든 것 이슬이라네.

이길 저길 걷고 싶다.
그 모든 것 갖고 싶다.

일장춘몽 낙화유수
낮과 밤에 꿈도 꿨지.

허무

꽃은 피고 떨어지고
잎도 피고 지는구나.

이팔청춘 꾸는 꿈도
이것 또한 허무여라.

세상만사 내 손안에
권세 쥐고 날뛰건만

이것 또한 바람 앞에
등불이라 일장춘몽

오는 세월 가는 세월
그 막을 자 그 뉘라서

있다던가, 무정토다.
왔다 가는 생로병사.

어머님께서

이른 새벽 미명시간
깻잎 밭으로 가신다.

허리 굽은 어머님은
여름모기 쫓으면서

깻잎 따기 하루 일과
피곤해도 끝내신다.

밤 늦도록 따온 깻잎
깻잎 접고 주무신다.

신음소리 아이구야
허리 아파 죽겠구나.

다음날 이른 새벽
다시 밭으로 가신다.

단풍

4월 5월 신록이 우거진다.
산새 들새 짝 찾아 보금자리

6월 7월 자연의 수림들은
각자들의 모양을 자랑하네.

9월 10월 북풍이 찾아오면
가을이 다 갖가지 물감 들여

빨주노초 파남보 아름다움
장식으로 너와 나 부른다네.

낙엽들은 떨어져 어디론가
곱던 자랑을 이별이라고 하네.

그 여인의 첫눈

수십 성상(星霜) 지냈네요.
강산들도 변했고요.

두 번 다시 못 보리라 했는데
어쩐 일로 오시나요?

모진 운명 그 뜨거웠던
옛사랑은 가슴 아파요.

J.H.B여 어떻게 살아왔소?
예쁜 꽃 보며 내 생각을 했나요?

J.H.B여 그대 어디서
첫눈을 맞으며 걸으시나요?

모함

백발 고개 노년 인생
모함 모사 시기 질투

참으로요, 견디지 못해
이 마음은 번민 충만

사람들은 원죄 유전인가?
범죄 행실 발생인가?

견디기 힘들어 반신반의
무식하고 교양 없는 저질들.

그런 사람 신상필벌
권선징악을 해야 할지!

권사님

교회에 열심히 다니면서
봉사와 기도로 성경 보며

이웃의 교우들에게
꽃으로 보였네,
권사 되셨네.

권사님이 할 일 가정심방
병자들 위하여 기도하며

교회에서 꽃이 되며
신뢰 받고
본이 되어야 한다네요.

김은실 권사님
그대는
진심으로 하나님의 종이여요.

어디 갔나

동산 앞 옹달샘과 냇물은
지금도 있는데
죽마고우는
지금 어디서 사는가?
보고파라,
그 얼굴들
어릴 때 추억들.

윗마을 아가씨
남몰래 좋아하던
지금은
남이 되어
할머니 되었네.

이 모두
흘러간 숨바꼭질이었어라.
이루지 못할
인연에 애태웠던
지난날들 그 추억.

백마강

삼천궁녀 간 곳은 어드메뇨?
백제 끝 왕 의자왕
황산벌 계백 장군
간 곳은 어드메뇨?

백마강은 달빛 받으며
침묵으로 말이 없는데
궁남지에는
백련이 이슬을 만드네.

백제의 혼들이여
영웅호걸들이여
못다 핀 소원성취를
언제 한번 피어 보실는지요?

고추

어찌하오리까?
들밭에
붉은 고추 따러 함께 가요.
아침식사 후
커피 한잔 나누며 주고받은 말
여보!
머리가 너무 아파요.
정신을 잃은 사이
119 구급대
엠불런스가 도착했네.
여보, 어찌해요?
우리 마누라
눈물바다를 이루네.
의사선생님 하는 말씀
"이 환자는 휴식이 필요해요."

사랑

철몰라
속았다.
미웠다.
내 팔자
어찌타
이 신세.
이 사람
만나서
파뿌리
되었나?
몸둥이
병원을
오가네.
허리는
굽었고.

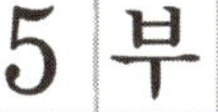
5부

부인이여

나 그대를 영원히 사랑하리라.
나 그대를 품에서 놓지 않으리라.

나 그대를 존중하며 살리라.
나 그대를 믿으며 해가 질 때까지.

나 그대를 꽃같이 사랑하리라.
나 그대를 동심동덕 손잡고 가리라.

부산 갈매기야

창공을 비행하며
바다를 오가는
갈매기야
한 가지 물어본다.

우리 집 아빠 삼촌
조각배 승차하여
고기잡이 갔었는데
오지 않은 기다림을!

갈매기야
너는 알고 있겠지
푸른 바다 어느 곳에서
지금도 물고기 잡는지.

앞동산 소나무

춘하추동 변함없네.
일편단심 함구불언

앞동산 소나무야
네게서 교훈을 받는구나.

지휘고하 아무에게나
침묵으로 일관하는구나.

앞동산 소나무야
독야 청청하는구나.

그리운 님이여

오늘 대전 간다는데
이슬비가 내리네요.

당신의 그 웃음 사랑
그 옛날 생각들이 나네요.

그리운 당신 생각에
내 눈에 이슬 맺히네요.

많은 사람들 손잡고
동승하여 떠나는데요.

당신은 홀로 대전으로
버스에 몸을 실었네요.

애국가

'동해물과 백두산이 마르고 닳도록
하느님이 보우하사 우리나라 만세'

아침의 나라 동방의 대한민국인데
조선시대 십사 대 선조왕 치정 때

남인 북인 노론 소론
당파싸움 권력 다툼으로

이율곡 선생 십만 대군 양성
국방 튼튼 국가 안보를 주장했으나

사리사욕 싸움 결과를 보소.
쪽바리 게다짝 놈들의 짓거리를 보소.

삼심육년, 섬나라 놈들 압박 속에서
애국가를 부르지 못했어요.

- 십만대군 양성 : 1592년 일본침략 - 임진왜란 때 일임.

당신이 보고파요

나에게 당신은
사랑이 무엇인지
살아감이 무엇인지
행복이 무엇인지
가르쳐준 스승이었어요.

주야로 웃음 주며
아침 점심 저녁
나에게 삶을 가르쳐 주었어요.
웃음을 잃지 않고
사랑하는 당신이라고.

때로는 힘들고
외로워할 때
당신은 나에게 용기 희망을
쏟아준 사람
당신이 내 사랑입니다.

동갑 J표생 모임

용담댐으로 모였네.
백발 된 늙은 몸으로 나왔네.

소주 한 잔을 손에 들고
이빨 빠진 친우 하는 말
"야, 이놈들아! 어떻게들 살었냐?"
코흘리개 개구쟁이였던
그 모습들은 어디 가고
하얀 서리 맞은 동갑들마다
"이놈 저놈!"
물과 산을 보며 호통 쳤네.

서산이 뉘엿뉘엿 이별을 알린다.
친우들이여, 굳 바이!

욕망

모든 것을 보았네.
모든 것을 바랬네.

모든 것을 손 안에
모든 것을 갖고파

모든 욕망 버렸네.
모든 악행 던졌네.

모든 죄악 버리면
사망 죄악 떠나네.

- 욕심을 잉태한즉 죄를 낳고 죄가 장성한 즉 사망을 낳느니라.

이북에서 왔습네다

이북에서 왔습네다.
고향산천 이별하고
살기 위해 왔습네다.

배가 고파 왔습네다.
자유 인권 없습네다.
철의 장막 이북이요.

철사 줄로 묶어놓고
쇠뇌교육 반항하면
아오지탄광 중노동

이만갑에 왔습네다.
대한민국 왔습네다.
통일 찾아 왔습네다.

진심

홀로 핀
백합화
침묵하며
승리했네.
하얀 백합화
향기여,
그대가 있어
내가 있소.

찾아간 곳

잊지 못해
수덕사 찾았다.

비구니 스님
지금도 계시온데

그 사람은
어디 갔나?

외로운 발걸음
가슴 저리네.

수덕사의
종소리만 울리네.

기도

선과 악을 구별토록 기도합니다.
이 땅 위에 사는 동안
사람답게
호흡하며
걸어가도록
기도 제목
그 첫째는 모두 사랑이라.
또 기도한다면
감사, 용서, 기도합니다. 아멘!

그대 얼굴

말없이 조용히 떠나갔네.

그대는 이 가슴 깊은 곳에
꽃 가시를 심었네.

떠나간 사랑이여
그대 찾으러 갔는데
꼭꼭 찔러 눈물이 앞서네.

왜일까요

그대에게
오늘의 설계 보고도 했지요.

뜻대로 되지 않아
그대는
포기하고

희망은 아주 멀리
저 구름 타고 사라졌지요.

사랑을 버리고 떠난
당신은 미워요.

공허

그대 떠난 빈 자리
눈물바다 이루었네.

그대 떠난 그 자리
고독한 꿈만 남았네.

그대가 떠난 그 자리
민들레가 피었네.

- 단시조 형식이 되었습니다.

대동강

임진강과 대동강
아는 듯 모르는 듯
침묵하면서
눈물의 강으로 변했구나.

그곳은 나의 고향
대동강 임진강은
탈북인의 피눈물로
강물을 이루었구나.

가고파라,
임진강아!
보고파라,
대동강아!

강물이
서해에서 만나듯이
우리 언제 만날까?

우리 할머님

새벽이슬 맞으시며
산으로 가신다.

굽은 허리 기역 자로
산나물 뜯으시며

한 푼 두 푼 모아 쥐고
어린 새끼 손주 손에

용돈 쥐어 주시었던
할머님 어디 계셔요?

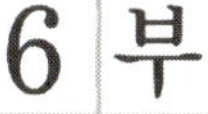
6 부

경로당

동민 어르신네
많이도 모이셨네.

이런 말 저런 말
웃음 꽃 피우시네.

술 한 잔 마시며
내 나이가 어때서

춤이나 추면서
하루해를 넘기시네.

자랑 말라

완전 승자 없네.

양귀비 백합화도
열흘 피지 못했네.

승자 패자 모두
수레바퀴 같다네.

이것이 삶이라네.

임진강

임진강아, 왜 침묵하고 있느냐?
애태우는
이 가슴에 대답을 해다오.

너를 두고 떠나온 세월
삼십여 성상(星霜)
한신들 너를 잊어본 적 없구나.

임진강아
물새들은 지금도 날고 있느냐?
작은 배는 아직도 어망을 치느냐?

언제나 가볼까,
내 고향 임진강
그곳에 뛰어가 만나보고 싶구나.

걷는 길

빛으로 걷는 자
들꽃이 반긴다.

어둠길 걷는 자
사자가 뜯는다.

계절

추워요
더워요
하늘의 섭리지.

자연의 이치래요,
사람들의
마음이래요.

보고파

잊지 못해 그리움을
자울 수가 없어서

하얀 얼굴
마음 밭에
예쁘게 그려 보네.

주야로
보고픈 생각
이슬비가 내리네.

- 단시조 양식으로 지어졌네요.

사과나무

팔십 평생 걸어온 발자취
희비애락 동고동락했지.

이 땅 위에 살아가면서
황혼에게 인사하면서

낮은 자세로 살았다고
백발머리 늙은이 영광

사과나무 많이 심지 못했소.
몇 그루만 더 심을 테요.

새벽 기도 가실 때

허리 굽으신 어머님
아침밥 지으실 때마다
쌀 한 종발 두 종발
성미 주머니에 담아 불룩해지면
새벽종소리 찾아
오솔길 따라 새벽 기도 가셨지.

주님의 말씀 생각하면서
너희,
수고하고 무거운 짐을 든 자들아
내게 맡기라는
그 음성
저 높은 곳으로부터 들리는
성부 성자 성령
허리 굽은 눈물의 기도는
골고다 언덕 십자가를 향하셨지.

산소에

어머님 보고파 산소에 갔어요.
말씀은 없고 봉분만 있네요.
그토록 사랑을 주셨던 어머님
비둘기 두 마리 산소를 맴도네요.

어머님 생존 시 하시던 말씀
착하게 살아라, 따뜻한 음성
어머님의 말씀 듣고파서
산소에 와서 불효자 눈물 흘립니다.

하얀 눈이 오네요

하나님의 창조
자연동산에, 수림 위에
그림을 그리셨네요.
그 아름다운 신비
감사와 찬양이네요.
달님에게도
설백을 주셨네요.
햇님은 고맙다고
방긋 웃음 주네요.
저 자연의 천지
하얀 꽃동산이네요.
하나님의 놀라운 섭리
어찌도 그리 아름다운지요?

무(無)

허사로다
허사로다
갖은 욕심 죄를 낳고

너 죽이고
내가 삶이
이것 또한 사망이라.

허사로다
일장춘몽
모두 아침이슬일지라.

입에 칼을

입 밖으로 쏟는 언어는
그 사람의 마음 표시라
의인들의 입은 선을 가르치느니라.

입이 미련한 악인의 언어는
독을 발하느니라.
그런 사람의 입은 함정에 빠지느니라.

말이 많으면 허물을 면하기
어려우며
입술을 지키는 자는 지혜가 있느니라.

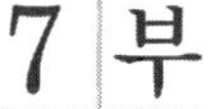
7 부

병원 의사 선생님

육신의 몹쓸병에
고통과 벗하였네.

의원님 하는 말씀
운동을 하라하네

마음의 병 모르네.
영혼을 맑게 할 줄
의사 선생님 모르네.

흔들리다

하얀 백지 위에
님의 뜻을 물어본다.

그대는요
나의 사랑
동반자라
이심전심

따뜻한 저 태양같이
나의 뜻을 아실는지요?

詩는요

시인은요,
온유하고 겸손하며
좌우로 치우치지 않으며
진리와 함께 자유하며
총검 앞에서도
정의와 참 이치를
노래하는 파랑새랍니다.
참 진리를 전하는
주님의 세계
잠언 시편
전도서 같은
생명의 글을 전하는
사랑의 앞잡이랍니다.
암흑세계를 일깨우며
비추어 주는
등불이라
시는 아름다워요.
영혼을 깨끗하게 하는
그래요, 생명수랍니다.

골고다 언덕

구레네 사람
시몬이
십자가를 대신
짊어지고 갔다네.
갈보리 산으로.

우리 주님의 성체에
로마병정
제사장 장로 유대인들은
독생(獨生) 성자 예수님 가슴에
창을 꽂았네.

못을 박았네.
십자가에서
우리 주님 남기신 말씀
“저들의 하는 짓을 모릅니다.
용서하여 주소서!”

사랑

사랑은 거짓도 가식도 없대요.
진실한 사랑은요,
십자가의 도를 아는 것이래요.
서로 사랑하라,
이웃을 네 몸같이 사랑하라.
용서하라!
고린도 전서 13장 말씀이래요.

십자가 밑에서

무릎을 꿇었습니다.
눈물로 기도를 올려 드립니다.

무거운 죄를 깨끗이
씻어주시고
죄를 멀리 아주 멀리
보내주소서!

주님의 피를 흘리신
그 동산 겟세마네
그곳에서, 기도의 동산으로
죄인을 이끌어 주소서!

두 동강 났어요

주여
오소서.
상처 깊은 한반도
어쩌다 이리 됐는지
남과 북
두 동강난 나의 조국.
주님
오소서.
죄인 기도드립니다.
이 강산
통일 이루어 주소서.
주님의 사랑으로
은총으로
남북통일 회복으로
주님사랑
내리어주소서.

사모하는 그 여인과

그 언제였던가요?
머릿속에 필름만 흘러가네요.

사랑하는 그대와 같이
정답게 손잡고 걸어갔던 길

붉은 산딸기를 따먹으면서
당신 입에 한 알 두 알 나누면서

사랑합니다.
당신을 사모합니다.
꿈속을 걷듯이 고백하였지요.

붉은 얼굴 산딸기를 오늘 다시
사랑스런 당신 입에 선물합니다.

역사 속에

고구려 백제 신라
마한 진한 변한

고려 조선
대한민국
전부가 우리나라인데

오천년 역사
대한민국 흐름인데

많이도 변했어라.
희비애락 바퀴 속에

2018년도
저물어 가는구나.

인생살이

이 사람아
하늘을 봐
햇빛을 봐.

빛이 있어
어둠들은
사라졌네.

죄를 미워해
진실 진심을
영혼 깊은데
심고 뿌려봐.

자연의 섭리
이것이 해답.

독도

독도는 우리의 땅입니다.
우리의 핏줄입니다.

이웃의 섬나라 일본인들이여
인제는 정신 좀 차려라
36년 속죄를 해야지.
침략 야욕을
아직도 못 버리고
못된 생각 근성 벗하고 있느냐?

고위 공직 대한의 인물들이여
일본사람의 입을 틀어막아요.
미친개는 몽둥이가 약이에요.
대한의 형제여,
우리 모두 하나 되어
절대로 나라 잃은
서러움과 압박을 녹여버리자고요.

삶

이른 아침 빛을 알리네.
봉사 희생 거룩한 마음
웃음 주며 이웃의 거울

가정교육 인의예지
어느 집안 누구인지
기도하며 사랑주네.

그 사람은 김옥일이
부락어른 만구일언
착하구나, 복 받겠네.